Quisiera agradecer el apoyo de mi familia y mis hijos, Emma y Daniel, que son los que sostienen mi energía en los días grises.

Y a todos mis niños especiales, que yo llamo "espaciales", que a lo largo de mi vida personal y profesional me han enseñado grandes lecciones, me han ayudado a conectar con la sabiduría interna y me han impulsado a materializar este bonito proyecto.

Agradecida por el amor que recibo de todos ellos.

Todas las personas tenemos un superpoder,
es nuestra ENERGÍA... porque, además
de un cuerpo, ¡tenemos energía!

Cada persona tiene una energía ÚNICA...
y es por eso que es PODEROSA;
no hay otra energía igual.

Nuestra energía CAMBIA según nuestras emociones,
pensamientos y nuestra salud en general.

Igual que limpiamos nuestro cuerpo y lo cuidamos,
es muy importante limpiar y cuidar nuestra energía,
porque nuestra SALUD también depende de ella.

Para poder tener una energía saludable y con todo su poder,
tenemos que EJERCITARLA (recargarla), PROTEGERLA
y EVITAR CONTAGIOS, ROBOS y PÉRDIDAS.

Aquí vais a encontrar ACTIVIDADES para saber cómo hacerlo.

CONOCE TU ENERGÍA

Vas a dedicar unos días a sentir y reconocer tu energía. Para ello puedes empezar por tumbarte en un sitio tranquilo, hacer unas respiraciones profundas y tomar tu primer contacto con ella (coge aire por la nariz hasta que se llene tu barriga y suéltalo poco a poco por la boca, como si tuvieses una vela delante y quisieras que la llama se moviera, pero no se apagara).

Cierra los ojos y ve haciendo mentalmente un repaso de tu cuerpo, como si fuera una máquina escaneadora. Desde la cabeza a los pies, ve parando la atención en el color y la textura de tu energía (si es más fluida, más compacta; si hay zonas claras, oscuras; si en algún sitio hay como "enredos" o bloqueos...).

Representa en esta silueta tu energía, usa colores para ello. Esta es tu energía en **REPOSO**, pero recuerda que puede cambiar según el día, tus emociones, tus pensamientos y tu salud física.

En los próximos días presta atención a los cambios que tu energía hace y pinta cómo la sientes en las diferentes situaciones.

Tu energía cuando estás **ALEGRE**:

Tu energía cuando estás con **RABIA** o **ENFADO**:

Tu energía cuando estás
TRISTE:

Tu energía cuando sientes
CARIÑO/AMOR/AMISTAD
o cuando alguien te ayuda
y da mimos:

Tu energía cuando tienes
MIEDO:

Tu energía cuando estás
PREOCUPADO/A:

Tu energía cuando estás muy **NERVIOSO/A, ESTRESADO/A** o **NOTAS TU CABEZA ACELERADA** (muchas cosas en tu cabeza):

Tu energía cuando te **ENCUENTRAS MAL** o estás **ENFERMO/A:**

Y aquí tienes unas cuantas siluetas para que sigas
EXPERIMENTANDO en las situaciones que quieras.

Ahora ya sabes cómo es tu energía, y cómo va
CAMBIANDO SEGÚN TE SIENTES.

EJERCITA Y RECARGA TU ENERGÍA PARA QUE ESTÉ BIEN FUERTOTA

EXPRESA SIEMPRE LO QUE SIENTES:

Para que tu energía no enferme, debes expresar siempre lo que piensas y lo que sientes por dentro, es decir tus emociones y pensamientos u opiniones. Así vas a facilitar que la energía negativa, o de malestar, salga y te puedas ir recargando de nueva energía limpita.

DIVIÉRTETE, HAZ COSAS QUE TE GUSTEN:

Ríe, juega, baila, canta, procura hacer a menudo aquellas cosas que te hacen ser feliz.

Esto se llama: gratificaciones, y has de tener algunas que puedas hacer individualmente y otras que las puedas hacer en compañía, con tus amigos y familia.

DESCANSA:

Es muy importante que duermas las horas necesarias, porque si no descansas, tu energía bajará como la gasolina de un coche y no tendrás la suficiente para hacer tus actividades.

RELÁJATE Y RESPIRA:

Es necesario que no vayas todo el día a tope; el estrés enferma nuestra energía. Tener un ratito diario para relajarte y respirar profundamente va a ayudar a que tu energía esté sanota.

Recuerda: para respirar profundamente, coge aire por la nariz, el suficiente para que llegue a tu barriga, y luego suéltalo por la boca poco a poco como si quisieras que se moviera la llama de una vela sin llegar a apagarla.

MUÉVETE:

Es muy importante que hagas ejercicio físico,
ya sea algún deporte, bailar, pasear...

Nuestra energía necesita movimiento para fluir y activarse.
Además, el movimiento también es expresión corporal de nuestras
emociones, por lo que nos ayuda a soltar la energía de malestar.
Y, por si fuera poco..., ¡el ejercicio hace
que nuestro cerebro suelte unos elementos
químicos en nuestro cuerpo que nos
hacen sentir bien!

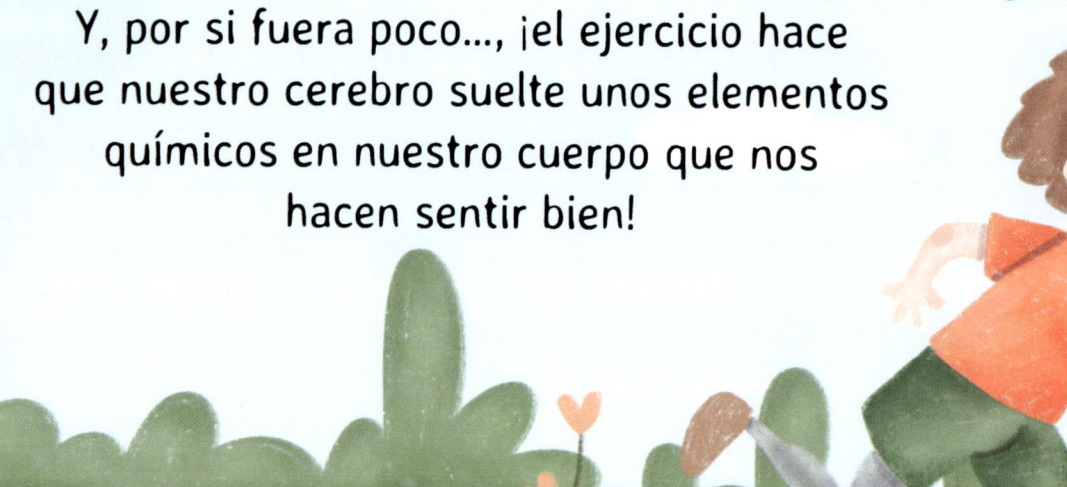

MUEVE TUS MANOS:

Todos tenemos talento artístico, busca el tuyo y cultívalo: pintar, dibujar, modelar, coser, tocar música, hacer manualidades...

Las manos son las antenas de tu energía y cuando las mueves, estás masajeándola y haciéndole cosquillas para que sea feliz. Además, podrás estimular tu creatividad y eso te hará sentir genial.

BÁÑATE:

Sumérgete en agua. El agua nos limpia por fuera, y, además, es conductora de nuestra energía. Es decir, que la ayuda a fluir por todo el cuerpo para que no se quede bloqueada en ningún lado. Cuando te bañas, te relajas y tus emociones salen a flote, evitando que se queden atrapadas.

CONECTA CON LA NATURALEZA:

La naturaleza nos ayuda a limpiar nuestra energía negativa. Puedes probar a caminar descalzo por la arena, por la hierba, o, incluso, a abrazar un árbol y vas a darte cuenta de la bonita sensación que te queda. La energía de la naturaleza calma la nuestra.

Además, los paseos en la naturaleza bajo el Sol cargan a tope tu energía, son muy buenos para la salud.

MÚSICA, MAESTRO:

Escucha música, y a poder ser **CANTA** con ella. La música emite ondas que entran en contacto con nuestra energía y la hace poderosa. Si cantas, tu garganta vibra y con ella también lo hace tu energía. Además, cantar es otra manera de expresar; por tanto, de soltar esa energía de malestar que a veces tenemos dentro.

HUELE RICO:

Huele diferentes aromas y siente cómo cambia tu emoción y tu energía cuando encuentras un olor que te gusta. Si cuando estás tranquilo usas algún aroma regularmente (a menudo), luego lo podrás usar para calmarte cuando tu energía está revuelta.

AMA, ABRAZA, DEJA QUE TE MIMEN:

Los mimos, los abrazos, sentir el cariño de los demás y darles el nuestro es una gran medicina; cura nuestro cuerpo, nuestras emociones, nuestra mente inquieta, pero también nuestra energía.

LIMPIA TU ENERGÍA, RECUPÉRALA Y TRANSFÓRMALA

Como te he explicado, hay que limpiar la energía diariamente, igual que limpiamos nuestro cuerpo.

Puedes hacerlo por la mañana y por la noche. También en cada momento que te encuentres mal, ya sea porque estás enfermo/a, porque tienes una emoción que te provoca malestar (enfado, miedo, tristeza, preocupación...), o porque estés con nerviosismo, estrés o la cabeza acelerada.

LIMPIEZA:

Siéntate o túmbate, cierra los ojos; imagina cómo una ducha de agua purificadora va entrando por dentro de tu cabeza, limpiando toda tu energía y bajando por tu cuello, tus hombros, tus brazos, tu tronco, tus piernas, tus pies, limpiando los millones y trillones de células de tu cuerpo.

A la vez, ve respirando suave y profundamente (como te he enseñado antes). Imagina y siente que, cuando coges aire, tu energía brilla limpia con mucha intensidad y, cuando sacas el aire, toda la suciedad restante sale y se evapora.

RECICLAJE: RECUPERA Y TRANSFORMA TU ENERGÍA:

Cuando sientas tu energía turbia, sucia, bloqueada, o cuando te encuentres mal, tengas alguna emoción de malestar o tu cabeza estresada..., estírate y cierra los ojos.

Escanea con tu mente o siente tu cuerpo y busca dónde hay que limpiar. Usa el mismo método que antes, la ducha purificadora. Luego, mientras respiras profundamente, imagina que el aire que entra en tu cuerpo va rellenando de energía esas zonas que has limpiado con los colores que has aprendido que tiene tu energía cuando estás tranquilo, alegre y te encuentras bien.

Asegúrate de que, cada vez que sueltas el aire, salga cualquier resto de energía sucia o de malestar.

Si te pones una música tranquila, verás que te ayuda mucho a hacer este ejercicio más fácilmente.

PROTEGE TU ENERGÍA

Es muy importante que protejas tu energía cada día. Así, será más fácil que se mantenga cargada, a tope y limpita, y, lo que es más importante, te protegerá de contagios, pérdidas y robos de energía (te explicaré después cómo suceden).

Es igual que cuando salimos en bici y nos hemos de poner casco o para patinar rodilleras; pues para salir de casa hay que poner un escudo a nuestra energía.

Si limpias tu energía cada mañana antes de salir de casa y cada noche antes de irte a dormir, ya tienes una parte del trabajo hecho.

Después de eso, solo tendrás que imaginar que te envuelves en un círculo de energía azul, como si fueras un superhéroe o una superheroína. Y, mientras te envuelves mentalmente, repite: "Nada puede traspasar el círculo de protección". Repite esa frase con seguridad las veces que necesites.

Y ya estás listo para marchar donde quieras y si es de noche, pues para dormir plácidamente. Si sueles tener pesadillas, también te ayudará, pero, además, has de decir: "Hoy voy a soñar cosas bonitas". Y recuerda que es muy importante irse a la cama siempre con una sonrisa y pensando en cosas agradables.

EVITA CONTAGIOS, ROBOS Y PÉRDIDAS DE ENERGÍA CONTAGIO

La energía se **CONTAGIA**, por eso, cuando estás con alguien que está muy enfadado, triste, etc., te puedes empezar a sentir igual.

Es imprescindible que no le des el poder de cambiar tu energía a nadie, porque si no, puedes sentirte inseguro. Si tú controlas tu energía, te sentirás con todo tu poder.

Cuando alguien se enfada o se siente mal, puede querer desahogar su malestar con nosotros y debemos tomar precauciones.

Si alguien enfadado o enfadada intenta "lanzar" su energía de enfado contra ti, no caigas en la trampa de contagiarte y hacer lo mismo que él o ella. Procura distanciarte físicamente, es decir, irte a otro lugar, y si no puedes, pues dale poder al círculo azul que te envuelve, como si lo reforzaras. Recuerda que llevas un escudo poderoso, y puedes volver a repetir la frase: "Nada puede traspasar el círculo de protección".

Cuando esa persona esté tranquila, podréis hablar y resolver el asunto sin contagios de energía.

Si al final tú también te has enfadado, ya sabes cómo puedes liberarte de esa energía de enfado (límpiate y transfórmala). Cada uno ha de hacerse cargo de su energía.

Si quieres consolar a alguien que está triste o se siente mal, eso está bien, es un gran gesto ayudar a los demás, pero cuida que su energía de malestar no te atrape; porque si te contagias de malestar, será un sufrimiento doble... Los dos os sentiréis mal y no servirá de nada. Refuerza el escudo, el círculo protector azul, y dale intensidad para que proteja tu energía del contagio.

ROBOS

Cuando alguien intenta provocarte, agredirte, hacerte sentir mal o te hace algo injusto, te estará ROBANDO tu valiosa energía. Aunque sea con palabras y no con actos, el robo es igual, notarás cómo tu energía cambia y te sentirás mal.

Por eso debes defender tu energía, pero siempre de manera adecuada. Porque si quieres vengarte o hacerle algo que le haga sentir mal, serás tú quien te quedes con parte de su energía y no es sano ni justo quedarse la energía de nadie.

Para defenderte, es importantísimo que pongas límite, di a esa persona: "¡Para!", y expresa cómo te sientes y lo que opinas. Desde tu corazón, con las palabras, intentando parar el robo sin violencia.

Y si no lo consigues, busca ayuda, porque siempre hay guardianes de tu energía. Esos guardianes te ayudarán a poner límite, pero, además, ayudarán al otro a entender que no puede ir robando la energía de los demás o tendrá problemas. Tus papás, familiares, profesores o adultos responsables son los guardianes de tu energía.

Blinda tu energía en estas situaciones, ponle una armadura doble de protección. Y no te olvides de devolver la energía que no te pertenezca, con palabras de perdón podrás expulsarla y dirigirla a su dueño/a.

LOS GUARDIANES

PÉRDIDA

Cuando tienes una caída o un golpe grande en el que te haces mucho daño, tu energía puede salirse. También pasa en los sustos gordos, cuando tenemos mucho miedo. Y también cuando tenemos una emoción muy intensa que nos hace sentir muy mal.

En esas ocasiones hemos de estar atentos, las señales serán que tras esas situaciones nos quedamos muy cansados, lo típico que decimos "sin energía". También la ansiedad o nerviosismo constante son señales de que hemos perdido energía.

Para recuperar la energía perdida vas a tumbarte como para la limpieza habitual y vas a llamarla. Sí, como lees, vas a llamarla. Vas a pedir a tu energía que vuelva a ti: "Energía vuelve a mí". Puedes extender los brazos para recibirla mientras visualizas con tu mente cómo va llegando.

Puedes atender a la parte del cuerpo donde llega y sentir cómo se recupera esa parte del cuerpo. Después de eso, la puedes limpiar y proteger como siempre, para que fluya de nuevo dentro de ti.

Esto también te sirve si en un intento de robo no puedes protegerla, si notas que alguien se llevó tu energía, imagina que estás frente a esa persona y le dices: "Devuélveme mi energía". Y alza tus brazos para recibirla.

ENERGÍA VUELVE A MÍ!

Ahora ya sabes cómo cuidar tu energía y tener el poder sobre ella.

Gracias a esto, vas a sentirte más saludable, pero también más feliz.

© Sonia Tapiador Coello (de la obra)
©Apuleyo Ediciones (de esta edición)
Primera edición en Apuleyo Ediciones: julio 2024
Diseño de cubierta: Sofía Corzo González
Corrección: Aitor Andreu Guerrero
Maquetación: Domingo Carrasco Martín
Ilustraciones: Evelys Ceccon
Coordinación editorial: Isidoro Cidre González
info@apuleyoediciones.com
www.apuleyoediciones.com
ISBN: 978-84-1060-173-4
Depósito legal: H 131-2024

Hecho e impreso en España.